AF253808

DÉCRET IMPÉRIAL

CONTENANT

RÉGLEMENT

SUR LE

SERVICE DU PILOTAGE

Au Quartier Impérial de Posen, le 12 Décembre 1806.

Napoléon, Empereur des Français, Roi d'Italie ;

Sur le rapport de notre Ministre de la Marine et des Colonies ;

Notre Conseil d'État entendu,

Nous avons décrété et décrétons ce

CHAPITRE 1er.

Conditions pour l'admission des Pilotes-Lama leur examen, leurs fonctions, et les marques distinctives de leur état.

ARTICLE 1er. — Le Ministre de la Marine et des Colonies fixera le nombre des pilotes-lamaneurs dans chaque port où il en existe, et dans ceux où il sera jugé nécessaire d'en établir, sur les propositions des chefs d'administration de la marine, et de l'avis des chambres de commerce.

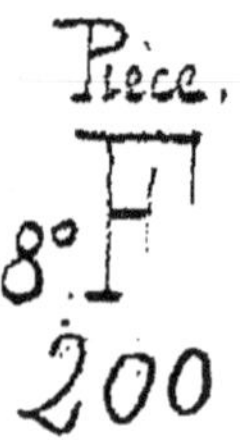

Art. 2. — Nul ne pourra être reçu pilote-lamaneur ou locman, s'il n'est âgé de vingt-quatre ans ; s'il n'a au moins six ans de navigation, pendant lesquels il aura fait deux campagnes de trois mois au moins au service de l'État ; et s'il n'a satisfait à un examen sur la manœuvre, la connaissance des marées, des bancs, courants, écueils et autres empêchements qui peuvent rendre difficiles l'entrée et la sortie des rivières, ports et hâvres du lieu de son établissement.

Les services sur les bâtiments de l'Etat, comme ceux sur les navires de commerce, devront être extraits des rôles d'armement, et certifiés par les administrateurs de la marine.

Art. 3. — L'examen des pilotes sera fait, en présence de l'administrateur du quartier des classes, par un officier de vaisseau ou de port, deux anciens pilotes-lamaneurs et deux capitaines de commerce, qui seront nommés par l'officier commandant du port (1).

Cet examen sera gratuit ; il est défendu à ceux qui se feront recevoir pilotes-lamaneurs, de payer aucun

---

(1) Dépêche ministérielle du 30 mai 1854 ordonnnat aux préfets maritimes de recommander aux commissaires de l'inscription maritime de n'admettre désormais aux concours de pilotage que des marins vraiment valides, c'est-à-dire n'ayant pas encore atteint l'âge de cinquante ans, qui fait comprendre les inscrits dans les hors de service.

(Bulletin Officiel, p. 798).

droit aux examinateurs, et à ceux-ci d'en recevoir, sous peine de destitution.

ART. 4. — Lorsque plusieurs marins concourront pour une place de pilote-lamaneur, celui qui sera jugé avoir subi l'examen prescrit de la manière la plus satisfaisante, sera admis de préférence.

ART. 5. — Le Ministre de la marine fera expédier une lettre d'admission à chacun des pilotes-lamaneurs admis : cette lettre sera enregistrée au bureau de l'inscription maritime de leur résidence.

ART. 6. — Pour être reconnus en leur qualité, les pilotes porteront une petite ancre d'argent, de cinquante millimètres (deux pouces), à la boutonnière de leur habit ou gilet.

ART. 7. — Les fonctions des pilotes-lamaneurs exigeant un service continuel et qu'il serait dangereux d'interrompre, ils seront exempts d'être levés et commandés pour le service de l'Etat et pour tout autre service personnel.

CHAPITRE 2.

Remplacement des Pilotes.

ART. 8. — Il y aura des aspirants-pilotes, dont le nombre ne pourra excéder le quart des pilotes-lamaneurs, et qui seront destinés à les seconder et à les remplacer. Les marins, admis à servir en qualité d'aspirants, devront avoir subi le même examen que celui des pilotes.

Art. 9. — Tout pilote qui, par son grand âge ou ses infirmités, sera hors d'état de remplir complètement son service, sera obligé d'en prévenir l'administrateur préposé à l'inscription maritime, qui l'autorisera à s'adjoindre, s'il y a lieu, l'aspirant examiné le plus ancien, lequel sera tenu de faire le service et de donner audit pilote le tiers des bénéfices ; et à défaut de sa déclaration, l'administrateur du quartier maritime nommera un aspirant-adjoint sous les mêmes conditions.

Art. 10. — Toute place vacante par mort ou par démission sera donnée à l'aspirant admis en cette qualité et le plus ancien au service, lorsque sa conduite sera sans reproche.

Art. 11. — L'aspirant qui aura servi d'adjoint, conservera ses droits à la première place vacante, et sera remplacé auprès du pilote infirme par l'aspirant admis qui viendra immédiatement après lui.

Chapitre 3.

Inspection et Police des Pilotes-Lamaneurs.

Art. 12. — L'inspection du service des pilotes est exercée par les officiers militaires chefs des mouvements maritimes, par les officiers préposés à la direction du pilotage, et, en l'absence de ceux-ci, par les officiers des ports de commerce. Ces derniers rendront compte du résultat de leur inspection à l'administrateur de la marine en résidence dans les ports.

ART. 13. — Lorsqu'il y aura plusieurs stations, les pilotes devront porter, dans la partie supérieure de leurs voiles et sur les deux côtés au-dessus de la bande du premier ris, la lettre initiale du nom de leur station, et les numéros qui leur seront indiqués par l'officier d'administration chargé de l'inscription maritime au lieu de leur résidence. La même lettre et le même numéro seront inscrits à l'arrière de leur chaloupe.

ART. 14. — Les pilotes-lamaneurs ne pourront, sous peine de huit jours de prison, s'écarter du lieu de leur domicile ou arrondissement, sans un congé par écrit de l'officier d'administration préposé à l'inscription maritime, qui devra en accorder que pour des causes absolument nécessaires. En cas de récidive, il en sera rendu compte au Ministre de la marine ; il en sera de même si la durée de leur absence a excédé huit jours.

ART. 15. — Les pilotes qui abandonneront leurs fonctions pour naviguer au petit cabotage, ou pour pratiquer les pêches lointaines, seront, par décision du Ministre, déchus de leur qualité de pilotes-lamaneurs, et en conséquence inscrit de nouveau sur la matricule des gens de mer de service. Alors ils seront commandés à leur tour pour servir sur les bâtiments de l'Etat.

Art. 16. — Il sera tenu, au bureau de l'inscription maritime de chaque port, une matricule particulière, où seront enregistrés les pilotes-lamaneurs, leur âge, la date de leur admission comme aspirants et comme pilotes, les services signalés qu'ils auront rendus, les récompenses qui en auront été la suite, leurs manquements, leurs fautes graves, et les punitions qu'ils auront subies ; enfin la cessation de leurs services, soit par mort, démission, ou infirmités.

Art. 17. — Le service de pilote dans chaque station sera fait à tour de rôle pour la sortie. Néanmoins tout capitaine, qui voudra prendre un pilote à son choix, en aura la faculté; alors il paiera le pilotage en entier au pilote à qui revenait la conduite du navire ; et au dit cas ce dernier perdra son tour.

Art. 18. — Tout pilote, à quelque station qu'il appartienne, est tenu de faire la manœuvre convenable pour faciliter l'abordage de la chaloupe du pilote de la prochaine station par lequel il va être relevé; il sera même tenu, lorsque le navire ne devra pas mouiller à la station où il le conduit, de faire le signal indiqué à l'article 20 du présent réglement, dès qu'il sera en vue de cette station, afin que le pilote de tour se prépare et ne retarde pas le navire.

Art. 19. — Tout pilote de tour qui ne se présentera

pas vis-à-vis la station à bord du navire qui aura fait le signal, aura perdu son tour, et le premier pilote de la même station pourra le remplacer; à défaut, le pilote qui se trouvera à bord pourra conduire le navire à la station suivante, sans crainte d'être démonté, et il gagnera le pilotage.

ART. 20. — Le signal qui annoncera le besoin d'un pilote sera le pavillon français en tête du grand mât pour les bâtiments de l'Etat ; à la tête du mât de misaine pour ceux du commerce ; et pour l'un et l'autre le pavillon en berne à la poupe (1).

ART. 21. — Aussitôt que le pilote sera à bord d'un navire, il fera amener les pavillons ; faute de quoi il sera tenu de payer douze francs en dédommagement à chaque pilote qui se présenterait pour aborder le navire.

ART. 22. — Si un bâtiment amené par un pilote dans un port provient de pays suspects de contagion, et que le dit bâtiment ne puisse conséquemment être admis à la libre pratique, le pilote conduira le bâtiment à l'endroit fixé pour les visites et précautions salutaires, sans communiquer avec lui si c'est possible. Le pavillon de quarantaine sera arboré à la tête du mât d'artimon; et si le navire n'a qu'un mât, le pa-

---

(1) Ou plus généralement le pavillon spécial pour appeler le pilote.

villon sera frappé sur l'étain de beaupré, et d'une manière visible.

Art. 23. — Lorsqu'un pilote aura abordé un bâtiment destiné à entrer dans le port, il lui fera arborer de suite le pavillon de sa nation, et il préviendra le capitaine qu'il doit faire éteindre tous les feux avant d'être en dedans du port. Il sera puni de huit jours de prison, si, avant de mettre un navire à quai, il ne lui a pas fait décharger ses fusils et canons, et transporter ses poudres à terre (1).

Art. 24. — Les pilotes-lamaneurs seront obligés de tenir toujours leurs chaloupes garnies d'avirons, voiles et ancres, et d'être en état d'aller au secours des bâtiments au premier ordre ou signal, ou lorsqu'ils les verront en danger, à peine, contre ceux qui s'y refuseraient, d'être poursuivis sur la dénonciation qui en sera faite, et d'être condamnés à un mois de prison, ou à la peine d'interdiction, et même à une punition plus grave, si le cas y échet, sauf à faire taxer particulièrement, par le Tribunal de commerce, leurs salaires en cas de tempête, en égard au travail qu'ils auront fait et aux risques qu'ils auront courus.

Tout pilote qui refuserait de marcher quand il en sera requis, sera puni de quinze jours de prison, et interdit en cas de récidive.

---

(1) Les feux sont tolérés dans le port de Boulogne (coutume locale).

Art. 25. — Le pilote-lamaneur qui entreprendra, étant îvre, de piloter un bâtiment, sera condamné à la perte de son salaire, à un mois de prison, et destitué en cas de récidive. Il en serait de même s'il manquait au respect que tout individu doit au capitaine qui commande.

Si le manque de respect, de la part du pilote, était accompagné de menaces ou de voies de fait, le pilote serait arrêté et traduit devant le Tribunal compétent, pour être jugé et puni suivant la gravité des faits.

Art. 26. — Les lamaneurs doivent piloter les bâtiments qui se présentent les premiers, et il leur est en conséquence défendu de préférer les plus éloignés aux plus proches, à peine de vingt-cinq francs d'amende.

Cependant, si l'un des bâtiments en vue était en danger, les pilotes seraient tenus alors de l'aborder le premier, tout bâtiment en péril devant être secouru de préférence à tout autre.

Art. 27. — Si le pilote se présente au bâtiment qui aura un pêcheur à bord, avant que les lieux dangereux soient passés, il sera reçu, et le salaire du pêcheur sera déduit sur celui du lamaneur, en égard à la distance du lieu que le pêcheur aura parcourue à bord du bâtiment. (1)

---

(1) Les aspirants-pilotes ne devront pas, comme de simples pratiques, être démontés par les pilotes brevetés,

Art. 28. — Tout pilote convaincu d'avoir fait quel-que manœuvre tendant à blesser les intérêts des autres pilotes, ou d'avoir négligé celles dont l'omission aura produit le même effet, sera tenu de restituer ce qu'il aura perçu, et, en cas de récidive, sera puni d'un mois d'interdiction.

Art. 29. — Il est défendu à tout marin qui ne serait point reçu pilote-lamaneur, de se présenter pour conduire les navires à l'entrée et sortie des ports et rivières. Les contrevenants seront punis, la première fois, d'une amende qui ne pourra excéder cinquante francs, et de trois mois de prison ; la peine sera double, en cas de récidive.

Art. 30. — Tout pilote est tenu de donner la pré-

---

lorsqu'ils ont commencé le pilotage d'un navire . . . . , ainsi, pour les pilotes brevetés, droit de préférence dans tous les cas où ils sont prêts à monter à bord du navire qui les appelle ; pour les aspirants, droit de poursuivre jusqu'au bout le pilotage qu'ils ont commencé en l'absence des pilotes ; telle est la solution qui me semble découler des réglements et de l'équité, c'est celle qui prévaut déjà sur plusieurs points du littoral. Je désire qu'elle soit généralisée, pour trancher les difficultés existantes et établir un mode d'application uniforme. Je vous prie, Messieurs, de donner des ordres en conséquence, dans celles des stations du pilotage où des usages contraires se seraient introduits.

Signé : *L'Amiral ministre secrétaire d'Etat de la marine et des colonies,*

RIGAULT DE GENOUILLY.

(Dépêche ministérielle du 17 Juin 1867)

férence à un bâtiment de l'Etat, sous peine d'un mois de prison. La même peine sera infligée à celui qui aura évité de conduire un bâtiment de l'Etat, lorsqu'il en aura été requis; en cas de récidive, il sera interdit, et levé comme matelot de classe inférieure pour le service de l'armée navale.

ART. 31. — Tout pilote qui, s'étant chargé de conduire un bâtiment de l'Etat ou de commerce, et ayant déclaré en répondre, l'aura échoué ou perdu par négligence ou par ignorance, ou volontairement, sera jugé conformément à l'article 40 de la loi du 22 août 1790.

ART. 32. — Le capitaine du bâtiment est tenu, aussitôt que le pilote-lamaneur est à son bord, de lui déclarer combien son navire tire d'eau, sous peine de répondre des événements, s'il a recélé plus de trois décimètres (dix pouces). Le capitaine doit aussi faire connaître la marche du navire, et ses qualités et ses défauts, afin qu'il puisse se régler pour la manœuvre.

ART. 33. — Il sera libre aux capitaines et maîtres de navires français et étrangers, de prendre les pilotes-lamaneurs que bon leur semblera pour entrer dans les ports et rivières, sans que, pour sortir, ils puissent être contraits de se servir de ceux qui les auront fait entrer.

ART. 34. — Tout bâtiment entrant ou sortant d'un port, devant avoir un pilote, si un capitaine refusait

.d'en prendre un, il serait tenu de le payer comme s'il
s'en était servi : dans ce cas, il demeurera responsable
des événements ; et s'il perd le bâtiment, il sera
jugé suivant l'article 31 du présent réglement. Sont
exceptés de l'obligation de prendre un pilote, les
maîtres au grand et petit cabotage, commandant des
bâtiments français au dessous de quatre-vingt tonneaux,
lorsqu'ils font habituellement la navigation de port en
port, et qu'ils pratiquent l'embouchure des rivières.

Mais les propriétaires des navires chargeurs ou tous
autres intéressés pourront contraindre les capitaines,
maîtres et patrons, à prendre des pilotes; et ils auront
la faculté de les poursuivre devant les tribunaux, en
cas d'avaries, échouements et naufrages occasionnés
par le refus de prendre un pilote.

Art. 35. — Il est expressément défendu aux pilotes
de quitter les navires qu'ils conduiront, avant qu'ils
soient ancrés dans les rades ou amarrés dans les ports,
ainsi que d'abandonner ceux qu'ils sortiront avant
qu'ils soient en pleine mer, au delà des dangers, à
peine de la perte de leurs salaires, de trente francs
d'amende, d'interdiction pendant quinze jours, et de
plus forte punition s'il y a lieu.

Il est défendu aux capitaines de retenir les pilotes
au delà du passage des dangers, et aux pilotes de
monter à bord contre le gré des capitaines.

Art. 36. — Tout pilote qui conduira un navire

entrant sur lest, ne souffrira pas qu'il soit mis du lest sur le pont ni à portée d'être jeté à l'eau ; il s'opposera formellement à ce qu'il en soit versé dans les passes, rades, ports et rivières ; et s'il s'apercevait que malgré sa défense il en aurait été jeté à l'eau, il en rendra compte, aussitôt sa mission remplie, à l'officier militaire chef des mouvements maritimes, à l'officier chef du pilotage, ou à l'officier de port du commerce.

Les pilotes qui négligeraient de faire de suite leurs rapports de cette contravention de la part des capitaines, seront punis de huit jours de prison : les capitaines délinquants seront condamnés, conformément à l'article 6, titre IV, livre IV de l'ordonnance de 1681, à une amende de cinquante francs pour la première fois ; et en cas de récidive, leurs bâtiments seront saisis et confisqués.

Art. 37. — Il est expressément enjoint aux pilotes-lamaneurs de visiter journellement les rivières, rades et entrées des ports où ils sont établis, de lever les ancres qui y auront été laissées sans bouées, d'en faire dans les vingt-quatre heures leur déclaration à l'officier militaire des mouvements maritimes, au bureau du pilotage, et au capitaine de port du commerce.

Art. 38. — S'ils reconnaissent quelques changements dans les fonds et passages ordinaires des bâtiments, et que les bouées, tonnes ou balises ne soient pas bien placées, ils seront tenus de faire les déclarations prescrites par les articles 36 et 37.

Art. 39. — Les maîtres et capitaines de navires et les pilotes qui auront été forcés, par la tempête ou autre accident, de couper leurs câbles et de laisser leurs ancres en rade, seront tenus d'y attacher, si faire se peut, des orins et bouées en bon état et capables de lever les dites ancres, et d'en faire la déclaration prescrite par les articles 36 et 37.

Les ancres et les câbles seront levés au premier temps opportun par les pilotes, et conduits à bord des bâtiments auxquels ils appartiennent, dans le cas où il n'y aurait pas déjà été pourvu par les équipages mêmes des dits bâtiments ou par d'autres bâtiments.

Lorsque les dites ancres seront trouvées sans bouées, il sera payé, si le bâtiment est français, pour droit de sauvetage, le quart de la valeur des dits ancres et câbles; le sixième si elles sont trouvées avec des bouées. Pour un bâtiment étranger, il sera payé la moitié si l'ancre est trouvée sans bouée, et le tiers si elle a une bouée ; le tout au dire d'experts qui seront nommés, l'un par le chef des pilotes, et l'autre par le capitaine ou maître du bâtiment.

Si l'ancre appartient à un bâtiment de l'Etat, elle sera levée par les soins de l'administrateur de la marine ou du capitaine de port, et les frais de sauvetage seront payés en proportion des travaux qui auront eu lieu.

Chapitre 4.

Des Salaires des Pilotes.

Art. 40. — Les pilotes ne peuvent exiger une plus forte somme que celle portée au tarif dressé dans chaque port, sous peine de la restitution de la totalité du pilotage qu'ils auront reçu, d'être interdits pendant un mois ; et en cas de récidive, ils le seront à perpétuité.

Art. 41. — Il sera dressé, dans chaque port où ce travail n'a pas encore été fait, et pour chaque station, un tarif des droits de pilotage pour les bâtiments nationaux et étrangers, conformément à la loi du 15 août 1792.

L'administration de la marine et le tribunal de commerce du lieu concourront à la rédaction de ce tarif, qui, avant d'être soumis par le Ministre de la Marine et des Colonies à notre approbation en notre Conseil d'Etat, devra être préalablement examiné et discuté par le Conseil d'administration de la marine établi dans le chef-lieu de la préfecture maritime.

Lorsqu'il y aura lieu de modifier ces tarifs, il sera procédé de la même manière à leur révision.

Le même mode sera suivi, lorsque les préfets maritimes reconnaîtront que, pour faciliter et assurer le service du pilotage dans les ports de leur arrondissement, il est nécessaire de déterminer, par des réglements particuliers et appropriés aux localités, les dispositions auxquelles les pilotes et les capitaines de navire devront être assujettis.

ART. 42. — Lorsque, dans un port de commerce, les armateurs et négociants voudront se réunir pour entreprendre le service du pilotage, et que les pilotes attachés à ce port consentiront à l'arrangement qui leur sera proposé, les préfets maritimes détermineront, conformément à la loi du 15 août 1792, les conditions d'après lesquelles le service du pilotage sera réglé, le nombre de chaloupes qui devra être constamment entretenu, la nature de leur armement, les salaires des pilotes, le mode de la recette des droits perçus sur les navires nationaux et étrangers, et l'inspection à laquelle le service sera soumis.

Dans ce cas, les négociants et armateurs éliront annuellement trois d'entre eux, lesquels, réunis à l'officier d'administration préposé à l'inscription maritime et à l'officier de marine chef des mouvements maritimes, ou à l'officier chef du pilotage, formeront une Commission administrative pour maintenir le bon ordre et la régularité dans le service du pilotage.

Tous les arrêtés de cette Commission, avant d'être exécutoires, devront être soumis à l'examen de l'administrateur supérieur de la marine, lequel, lorsqu'il y aura lieu, prendra les ordres du Ministre.

Cet administrateur et les trois négociants désignés

par la Chambre de commerce, se réuniront pour examiner et arrêter, dans le cours du mois de janvier, les comptes des recettes et dépenses faites pendant l'année précédente par la Commission administrative.

Dans les ports où le service du pilotage sera établi suivant le mode indiqué ci-dessus, il sera accordé, sur les fonds du pilotage, une solde de retraite aux pilotes que leur âge et leurs infirmités empêcheraient de continuer leurs fonctions, et qui auraient donné leur démission.

Cette solde sera réglée par la Commission administrative, suivant la nature et la durée de leurs services : tout ou partie de cette solde sera reversible à la veuve, à titre de pension alimentaire.

Art. 43. — En cas de tempête et de péril évident, une indemnité particulière fixée par le Tribunal de commerce, sera payée par le capitaine au pilote ; elle sera réglée sur le travail et les dangers qu'il aura courus.

Art. 44. — Toutes promesses faites aux pilotes-lamaneurs et autres mariniers dans le danger du naufrage, sont nulles.

Art. 45. — Les pilotes rendus à bord du navire pourront renvoyer de suite leurs chaloupes, à moins que le capitaine ne leur remette sur le champ une demande par écrit de les laisser pour le service du navire ; et, en ce cas, il sera alloué au pilote la somme

2.

portée par le tarif arrêté dans le port pour chaque jour que la chaloupe aura été employée à ce service.

Art. 46. — Lors d'un gros temps, si la chaloupe d'un pilote, en abordant un navire à la mer, reçoit quelques avaries, elle sera réparée aux frais du navire et de la cargaison ; et il en sera de même si la chaloupe se perd en totalité.

Art. 47. — Dans tous les cas, pour que les pilotes puissent réclamer une indemnité, ils seront tenus de produire un certificat du capitaine, qui constatera la perte des chaloupes ou leurs avaries ; et si le capitaine s'y refusait, le fait sera constaté par l'enquête faite dans l'équipage du navire et celui de la dite chaloupe.

Art. 48. — Les courtiers et consignataires des navires étrangers sont responsables du paiement des droits de pilotage d'entrée et de sortie.

Art. 49. — Pour assurer la perception des frais du pilotage, tout consignataire du navire sera tenu, dans les vingt-quatre heures de l'arrivée du navire à lui adressé, ou dont il aura la consignation, de faire, au bureau du pilotage ou au bureau du Capitaine du port s'il n'y a pas de bureau de pilotage, une déclaration par écrit, et signée de lui, contenant les nom, espèce, pavillon et tonnage du navire, son tirant d'eau sous charge et lège ; le nom du capitaine, maître ou patron ; lieu d'où il a été expédié ; la date de son arrivée ; le nombre de tonneaux chargés, et s'il est arrivé en relâche, ou s'il est destiné pour le port.

Les consignataires seront tenus de faire pareille déclaration à la sortie.

CHAPITRE 5.

Des Tribunaux compétents pour les affaires du pilotage, en matière civile, correctionnelle et criminelle.

ART. 50. — Les contestations relatives aux droits de pilotage, indemnités et salaires des pilotes, seront jugés par le Tribunal de commerce du port.

Les pilotes-lamaneurs qui devront être punis par des peines correctionnelles, telles que la prison ou l'interdiction pendant moins d'un mois, seront jugés par l'officier chef des mouvements maritimes, ou par celui proposé à la direction du pilotage ; et en l'absence de ceux-ci, par l'officier du port de commerce, sous l'autorisation de l'administrateur supérieur de la marine, ou de celui préposé à l'inscription maritime.

Les délits qui devront donner lieu à des peines plus graves, à des amendes, et à des peines afflictives, seront jugés par les tribunaux de police correctionnelle et les cours de justice criminelle.

ART. 51. — Lorsque les délits auront été commis à bord d'un bâtiment de l'Etat, ou que les faits seront, par leur nature, de la compétence de l'autorité maritime, et qu'ils intéresseront le service de la marine impériale, ils seront jugés suivant les lois et réglements de la marine.

ART. 52. — Dans tous les cas comportant punition, la peine sera double, lorsqu'un bâtiment de l'Etat aura été l'objet du délit.

ART. 53. — Le montant des amendes prononcées contre les pilotes, par quelque tribunal que ce soit, sera versé dans la caisse des invalides de la marine du port où les délits et contraventions auront eu lieu.

ART. 54. — Une expédition de tous les jugements prononcés contre les pilotes sera adressée à l'administration de la marine dans le quartier sur les registres duquel le pilote sera inscrit, afin qu'il en soit pris note sur la matricule des pilotes.

ART. 55. — Chaque pilote ou aspirant admis sera muni d'un exemplaire du présent réglement, lequel, dans chaque port, sera placardé dans le bureau de l'administrateur préposé à l'inscription maritime, dans celui du chef du pilotage et du capitaine de port.

ART. 56. — Notre grand Juge Ministre de la Justice, et Notre Ministre de la Marine et des Colonies, sont chargés, chacun en ce qui le concerne, de l'exécution de Notre présent décret.

Signé : NAPOLÉON.

Par l'Empereur,

Le Secrétaire d'État,

Signé : HUGUES B. MARET.

DÉCRET DU 29 AOUT 1854

LES RÉGLEMENTS & TARIFS DE PILOTAGE

Annexés au présent Décret

**Sont déclarés exécutoires dans toute l'étendue du
1ᵉʳ arrondissement.**

Napoléon, par la grâce de Dieu et la volonté natio-
nale, Empereur des Français, à tous présents et à
venir, salut.

Sur le rapport de notre Ministre d'Etat au département de la Marine et des Colonies ;

Vu la loi du 15 août 1792 et le décret du 12
décembre 1806, sur le pilotage.

Vu l'avis du Conseil d'amirauté ;

Notre Conseil d'Etat entendu,

Avons décrété et décrétons ce qui suit :

ARTICLE 1ᵉʳ. — Les réglements et tarifs de pilotage
annexés au présent décret sont déclarés exécutoires,
selon leur forme et teneur, dans toute l'étendue du

1ᵉʳ arrondissement maritime, jusqu'à ce qu'ils aient été légalement renouvelés.

ART. 2. — Notre Ministre Secrétaire d'Etat au département de la Marine et des Colonies est chargé de l'exécution du présent décret, qui sera inséré au *Bulletin des Lois* et au *Bulletin Officiel de la Marine.*

Fait au Palais des Tuileries, le 29 août 1854.

Signé : NAPOLÉON.

Par l'Empereur,

Le Ministre Secrétaire d'État de la Marine et des Colonies,

Signé : CH. DUCOS.

RÉGLEMENT GÉNÉRAL

POUR LE

SERVICE DU PILOTAGE

Dans le 1ᵉʳ arrondissement maritime

Dispositions Générales

ARTICLE 1ᵉʳ. — Les bateaux des pilotes portent dans leurs voiles une ancre peinte en noir, d'un mètre de hauteur.

Ils doivent également porter, sur l'avant et sur l'arrière, et dans la partie supérieure de leurs voiles, sur les deux côtés au-dessus du dernier ris, le numéro qui leur est assigné par le Commissaire de l'inscription maritime, et les lettres initiales de leurs stations.

Ces lettres sont celles désignées ci-après :

Station de Cherbourg . . . . CH.
— de la Déroute . . . . CH. D.
— de la Hougue (jusqu'à la sup-
  pression définitive) . . . . . L. H.
— de Barfleur . . . . L. H. B.

Station d'Isigny. . . . . L. H. I.
— de Brévands, du Grand-Vey et
de Grand-Camp . . . . L. H.I.C.
— d'Ouystreham . . . . C. O.
— de Sallenelles . . . . C. S.
— de Beuzeval. . . . . C. B.
— de Courseulles . . . . C. C.
— du Hâvre. . . . . H.
— d'Harfleur. . . . . H. A.
— de Honfleur. . . . . H. O.
— de Trouville. . . . . H. O. T.
— de Quillebœuf . . . . H. O. Q.
— de Berville . . . . H. O. B.
— de Villequier. . . . . R. V.
— de Fécamp . . . . F.
— de Saint-Valery-en-Caux. . . F. S^{t}V.C.
— de Dieppe. . . . . DI.
— du Tréport . . . . D. T.
— du Hourdel . . . . St V. H.
— du Crotoy. . . . . St V. C.
— de Saint-Valery-sur-Somme. . S^{t}V. S. S.
— de Boulogne. . . . . B.
— de Calais . . . . CAL.
— de Gravelines . . . . D. G.
— de Dunkerque . . . . D.

ART. 2. — Il est expressément défendu aux pilotes
de faire bourse commune et d'établir entre eux un

ordre ou tour de service pour aller au devant des navires, sous peine d'interdiction de 15 à 25 jours, et de plus forte punition en cas de récidive (article 50 du décret du 12 décembre 1806).

Art. 3. — Les pilotes ne peuvent exiger d'autre rétribution que celle du tarif, ni consentir à aucun rabais, sous les peines prévues par l'article 40 du décret du 12 décembre 1806.

Art. 4. — Les pilotes ou autres qui coupent les orins des amarres laissées ou enlèvent les bouées sont traduits devant les tribunaux, pour être jugés conformément aux lois.

Art. 5. — Tout pilote qui s'enivre habituellement est, sur le rapport qui en est fait au Commissaire de l'inscription maritime, suspendu de ses fonctions pendant moins d'un mois, et, en cas de persistance dans cette habitude, il en est rendu compte au Ministre de la marine, pour que son titre de pilote lui soit retiré.

Art. 6. — Il est défendu aux pilotes de mouiller ou amarrer aucun navire soit dans un chenal, soit entre les jetées, soit sur les corps-morts destinés au halage des bâtiments.

Il leur est pareillement défendu de laisser aucune ancre dans les passes des navires.

Ils doivent veiller à ce que toute ancre mouillée dans un port soit munie d'un orin et d'une bouée capables d'indiquer et de lever ladite ancre.

Enfin ils rappellent aux capitaines des bâtiments à vapeur qu'il leur est interdit, sous quelque prétexte que ce soit, de faire jeter dans les passes, rades, ports et rivières les escarbilles ou résidus de leurs charbons. Ils s'opposent formellement à toute contravention à cette disposition, et, en cas d'inobservation de la part des capitaines, ils font leur rapport à l'autorité maritime immédiatement après leur débarquement ; le tout, sous les peines portées à l'article 36 du décret du 12 décembre 1806, tant à l'égard des pilotes, qu'à l'égard des capitaines.

Art. 7. — Si un bâtiment provenant de pays suspectés de contagion exigeait la présence du pilote à son bord, le pilote seul peut y monter ; les autres marins qui se trouvent dans son bateau doivent éviter soigneusement toute communication, hors le cas d'une absolue nécessité, qui sera constaté par le capitaine, sous peine, par les contrevenants, d'être mis en quarantaine sans qu'il leur soit alloué ni salaire ni ration.

Art. 8. — Lorsqu'un pilote aura abordé un navire destiné à mouiller sur une rade ou à entrer dans un port, il lui fera immédiatement arborer son pavillon de nation, et manœuvrera de manière à faciliter le prompt abordage des embarcations soit de l'administration des postes, soit de la commission sanitaire : ces embarcations porteront des signaux dont il sera donné connaissance aux pilotes du lieu.

Aucun navire ne peut entrer dans un bassin, ni en sortir, sans avoir son pavillon.

En prenant la mer, le pavillon doit rester jusqu'à la grande rade.

Les contraventions au présent article sont sévèrement punies, à moins que le pilote ne justifie que le capitaine s'est refusé à s'y conformer, auquel cas celui-ci deviendra seul responsable.

ART. 9. — Le pilote auquel un capitaine a déclaré que son navire n'est pas d'échouage ne peut l'entrer dans le port de marée douteuse ou basse, s'il n'en a reçu du capitaine l'ordre écrit, portant déclaration du véritable tirant d'eau du navire.

ART. 10. — Si, en l'absence de pilotes en vue, un capitaine juge convenable de demander l'assistance d'un pêcheur ou pratique, celui-ci peut obtempérer à cette demande ; mais il est tenu de déclarer au capitaine, en montant à bord, qu'il n'est pas pilote reçu, de faire immédiatement arborer le signal d'usage pour appeler un pilote, et de céder la conduite à ce dernier dès qu'il se présente (1).

ART. 11. — Tout pêcheur ou pratique qui, ayant abordé un navire, a négligé de faire arborer le signal

---

(1) Les aspirants-pilotes ne doivent pas, comme de simples pratiques, être démontés par les pilotes brevetés, lorsqu'ils ont commencé le pilotage d'un navire. (Dépêche ministérielle du 17 juin 1867).

mentionné ci-dessus où de le conserver jusqu'à l'arrivée d'un pilote, est tenu de payer le pilotage à celui qui se trouve à portée de servir le bâtiment, à moins qu'il ne soit constaté que la contravention vient du fait du capitaine, auquel cas le paiement est à la charge de ce dernier.

ART. 12. — Le pêcheur ou pratique ne peut recevoir moins de 3 francs par marée de jour et autant par marée de nuit pour tout le temps qu'il a passé à bord avant d'être remplacé.

La moitié seulement de l'allocation à laquelle aurait eu droit le pilote breveté est payée au marin faisant partie de l'équipage d'un bâtiment de l'Etat qui, en l'absence de pilote, a été chargé de le suppléer.

Si un pilote se présente dans les limites où son admission est obligatoire, ce marin reçoit moitié de la différence entre le salaire acquis par le pilote breveté et celui auquel il aurait eu droit s'il eût pris le bâtiment au point à partir duquel ledit marin a été chargé de le piloter.

ART. 13. — Si un pilote est demandé pour conduire un bâtiment de l'Etat dans un port de sa station, et s'il n'existe pas de tarif pour la conduite de ces bâtiments entre le point de départ et celui de destination, le salaire à payer au pilote est établi de gré à gré, en prenant s'il y a lieu, pour base de ce salaire, le tarif concernant la conduite des navires du commerce de tonnage correspondant, et dans le cas contraire, en se conformant aux usages locaux.

Les conventions de cette nature sont passées entre le pilote et le Commissaire aux armements ou le Commissaire de l'inscription maritime du port de départ. Une expédition en est donnée au commandant du bâtiment, qui la remet à l'administration du port d'arrivée, en l'accompagnant d'un certificat constatant l'exécution, afin qu'il soit procédé au paiement du prix convenu.

Ce prix est payé intégralement, quand même un pilote du port de destination prendrait le bâtiment.

A Cherbourg, l'autorisation de laisser partir un pilote à bord d'un bâtiment de l'Etat doit être donnée par le préfet maritime.

Art. 14. — Les tarifs de pilotage pour les navires de commerce sont appliqués aux bâtiments de l'Etat dans tous les ports de l'arrondissement où il n'a pas été fait de tarifs spéciaux pour ces derniers.

Les corsaires sont réputés navires chargés et paient le droit entier ; leurs prises sont taxées comme les navires étrangers non assimilés aux Français.

Si la prise n'est pas validée, les frais de pilotage demeurent à la charge du corsaire.

Les prises faites par les bâtiments de l'Etat sont taxées comme bâtiments de l'Etat.

Art. 15. — Dans le cas où des bateaux pêcheurs rencontrent un navire en danger de naufrage et lui portent secours, il leur est alloué une rétribution proportionnée au service rendu, sans égard aux droits de pilotage.

Cette rétribution est fixée par le tribunal de commerce du ressort.

Art. 16. — Les bateaux à vapeur faisant un service régulier entre deux ports de France, ou entre un port de France et un port étranger peu éloigné, peuvent avoir un pilote spécial au mois.

Les pilotes ne peuvent faire plus de six mois consécutifs sur le même bateau.

S'ils débarquent, par un motif quelconque, avant le délai de six mois, ils prennent la queue de la liste et ne peuvent embarquer de nouveau, dans les mêmes conditions, qu'après un délai de six autres mois.

Les salaires sont débattus et convenus entre l'armateur et le pilote devant le Commissaire de l'inscription maritime.

Ces pilotes sont choisis de préférence parmi les plus âgés de la station ; la liste en est dressée par le chef du pilotage ou, à son défaut, par le Commissaire de l'inscription maritime, et cette liste est affichée dans le bureau du pilotage et dans celui de l'inscription.

Les capitaines ne peuvent refuser le pilote qui se présente à son tour de rôle.

Tout pilote qui devient l'objet d'une plainte fondée de la part d'un capitaine, sous le rapport de la conduite ou de la capacité, peut être débarqué et rayé de la liste d'embarquement.

ART. 17. — Les capitaines des navires français doivent déposer les droits de pilotage, halage, barques d'aide, etc., pour la sortie, entre les mains de leurs courtiers ou consignataires, qui en deviennent alors responsables. Enfin, les capitaines des navires nationaux ou étrangers sont tenus de payer ces mêmes droits à l'avance, s'ils n'ont ni courtiers ni consignataires.

ART 18. — Les prix fixés par les tarifs sont applicables à tous les bâtiments français et étrangers assimilés, astreints par la loi ou par une convention particulière à prendre un pilote, quelle que soit d'ailleurs la forme de la carène ou de la mâture.

Les capitaines des navires étrangers non assimilés, de quelque forme ou capacité que puissent être ces navires, paient moitié en sus du prix fixé pour les bâtiments français.

Pavillons jouissant du bénéfice de l'assimilation (1) :

1° Sans aucune restriction. — Pavillons de Belgique, de Bolivie, du Brésil, du Chili, de Costa-Rica, du Danemark, de l'Equateur, d'Espagne, des États-Unis, de Guatemala, de Hollande, du Mexique, de la Nouvelle-Grenade, du Paraguay, d'Uruguay, de Venezuela.

2° Sous les conditions indiquées ci contre à l'entrée comme à la sortie. — Pavillon d'Angleterre :

Les navires *chargés* venant des ports et se rendant dans les ports du Royaume-Uni ou des possessions de ce Royaume en Europe.

Les navires sur lest, quelle que soit leur provenance ou leur destination.

N. B. — A l'entrée comme à la sortie, sont affranchis de tous droits quelconques de navigation les bateaux pêcheurs appartenant au Royaume-Uni ou à ses possessions en Europe, qui, forcés par le mauvais temps de chercher un refuge dans les ports ou sur les côtes de France, n'y ont effectué aucun chargement ni déchargement.

______

(1) Les navires étrangers paient les mêmes droits que les navires français. (Loi du 19 mai 1866 sur la marine marchande ; — Dépêches ministérielles du 12 mars 1868 et du 18 juin 1869).

<table>
<tr><td rowspan="4">

2º

Sous les conditions indiquées ci-contre à l'entrée comme à la sortie.

—Suite—

</td><td>

Pavillon des Deux-Siciles

</td><td>

Les navires venant directement, *avec chargement,* de l'un des ports du Royaume.

Les navires venant sur lest de tous ports quelconques.

Les paquebots-postes et les bâtiments à vapeur, même dans le cas d'escale intermédiaire.

</td></tr>
<tr><td>

Pavillon Dominicain

</td><td>

Les navires venant directement, *avec chargement,* des ports de la République dominicaine, ou sur lest de tous ports quelconques.

</td></tr>
<tr><td>

Pavillon du Portugal

</td><td>

1º Les navires venant directement des ports du Portugal, *avec chargement,* et *sans chargement,* de tout port quelconque.

2º Les navires à vapeur portugais affectés à un service régulier et périodique entre les ports du Portugal et ceux d'un autre pays quelconque, qui, durant leur trajet, soit à l'aller, soit au retour, firent escale à Bordeaux et au Havre.

</td></tr>
<tr><td>

Pavillon de Russie

</td><td>

Les navires venant : 1º *avec chargement,* d'un port russe autre que ceux de la Mer Noire ou de la Mer d'Azow ; 2º sur lest, de tous ports quelconques autres que ceux de la Mer Noire ou de la Mer d'Azow.

</td></tr>
</table>

3.

| 2° Sous les conditions indiquées ci-contre à l'entrée comme à la sortie. —Suite— | Pavillon de Sardaigne | Les navires venant *directement* d'un port de Sardaigne avec chargement, ou sur lest de tous ports quelconques. |
| | Pavillon de Toscane | Les navires venant directement des ports de Toscane *avec chargement et sans chargement*, de tous ports quelconques. |

Au fur et à mesure que surviennent de nouveaux traités d'assimilation, les commissaires de l'inscription maritime veillent à ce que les pilotes et entrepreneurs de pilotage en reçoivent la notification et s'y conforment pour la perception des droits afférents à ce service.

ART. 19. — Lorsqu'un pilote-lamaneur a conduit un bâtiment français ou étranger d'un port à un autre, il a droit, indépendamment de ses frais de pilotage, à la conduite de retour, à raison de 2 francs par myriamètre.

ART. 20. — Les chaloupes ou bateaux pilotes sont munis d'un rôle d'équipage (décret du 19 mars 1852). Les mousses sont embarqués à bord de ces chaloupes ou bateaux, dans la proportion fixée par l'article 2 du décret du 23 mars 1852.

Les bateaux d'assistance qui concourent au service des bateaux pilotes peuvent être dispensés des obligations ci-dessus rappelées relativement au rôle d'équipage et à l'embarquement des mousses.

Aucun individu non compris dans l'inscription maritime ne peut être admis dans le service du lamanage.

ART. 21. — En outre d'un exemplaire du décret du 12 décembre 1806, exigé par l'article 55 de ce même décret, les pilotes sont tenus d'être porteurs du réglement de leur station et de l'exhibition à la première réquisition des parties intéressées.

Ce réglement doit contenir : 1° les dispositions générales ; 2° les dispositions communes à leur station et à d'autres stations du même sous-arrondissement, s'il en existe ; 3° les dispositions particulières à leur station.

STATION DE BOULOGNE

Limites : Le CAP GRINEZ et CUQ

ART. 104. — Le service du pilotage dans le quartier de Boulogne est fait par :

Six pilotes et deux aspirants attachés au port de Boulogne ; (*)

Deux pilotes et un aspirant attachés au port d'Etaples.

Le personnel supérieur existant au port de Boulogne est réduit par voie d'extinction.

En conséquence, il ne sera pourvu aux vacances, résultant de démission ou de décès, qu'après retour au nombre réglementaire ci-dessus fixé.

ART. 105. — Les bateaux spécialement affectés au lamanage sont employés dans le port et en rade au service d'assistance, à l'exclusion des chaloupes, qui doivent être armées conformément à l'article 24 du décret du 12 décembre 1806.

(*) Dépêche ministérielle du 13 mars 1857 portant de 6 à 8 le nombre des pilotes et de 2 à 3 celui des aspirants pour le port de Boulogne.

Art. 106.— Les bateaux d'assistance seront montés de **6** hommes, dont :

1 pilote-maître reçu en cette qualité ;

1 marin ayant qualité de second ;

4 marins valides, agréés comme tels par les officiers de port.

Art. 107. — Les pilotes-maîtres maintiennent soigneusement la police à leur bord.

Ils font rapport, tant au Commissaire de l'inscription maritime qu'aux officiers de port, de toutes infractions et fautes commises par les hommes sous leurs ordres.

Art. 108. — L'ordre de service des pilotes est réglé par le capitaine de port. Les pilotes de tour, pour l'entrée et la sortie, sont tenus de se trouver exactement à leur poste aux heures des marées ; dans le gros temps, ils doivent y être tous.

Les hommes d'équipage des bateaux de service seront également tenus d'être à leur bord à toutes les heures de marée, entre le lever et le coucher du soleil.

Art. 109. — Lorsqu'il y a impossibilité absolue de sortir, les pilotes sont employés, sous les ordres des officiers de port, aux mouvements du mât de pavillon placé sur la jetée de l'Ouest et à la transmission des signaux aux navires qui se présentent pour entrer.

Dans ces cas, il est accordé aux pilotes qui ont fait

ce service la moitié des salaires alloués, par les articles ci-après, pour les navires français.

Les bâtiments étrangers sont, à cet égard, traités comme bâtiments nationaux.

Taxes de Pilotage.

ART. 110. — Tout bâtiment à voiles français ou assimilé, entrant ou sortant, paie, pour droit de pilotage, par tonneau de jauge :

    S'il est chargé............ 0 f. 28 c.
    S'il est sur lest.......... 0 f. 14 c.

sans que, cependant, le salaire du pilote puisse être moindre de 14 fr. dans le premier cas, et de 7 fr. dans le second.

Sera considéré comme chargé tout bâtiment ayant à bord des marchandises occupant plus du tiers de son jaugeage officiel.

Les bâtiments de plaisance et les yachts seront traités, dans tous les cas, comme navires sur lest.

Les bâtiments à vapeur non affectés à un service régulier paient moitié seulement des taxes ci-dessus fixées pour les bâtiments chargés.

Les bâtiments affectés à un service régulier, quels que soient la ligne qu'ils desservent et leur tonnage, paient :

S'ils transportent des marchandises ainsi que des passagers,

  A l'entrée................ 12 f. » c.
  A la sortie .... 12 f. » c.

S'ils ne transportent que des passagers :

  A l'entrée.............. 7 f. 50 c.
  A la sortie .... 7 f. 50 c.

Les bâtiments à vapeur affectés au transport des dépêches, même n'entrant qu'accidentellemnt dans le port, paient comme paquebots réguliers affectés au transport exclusif des passagers.

Les bâtiments en relâche ne paient que les deux tiers des taxes ci-dessus fixées.

Le droit entier n'est dû qu'autant que les pilotes ont pris le bâtiment et l'ont conduit au-delà de la bouée.

Il n'est dû que moitié du droit lorsque le service du pilote n'a commencé qu'en deçà de cette bouée.

Il n'est rien dû au pilote qui n'a pris ou conduit le navire qu'entre les jetées du port, à moins qu'à l'entrée le capitaine n'ait point arboré le signal, et qu'à la sortie il n'ait congédié le pilote avant d'avoir dépassé les jetées.

Taxe des Bateaux d'assistance.

ART. 111. — Les taxes stipulées à l'article précédent pour l'entrée et la sortie des paquebots réguliers et des paquebots-postes comprennent les frais du bateau d'assistance que le pilote est tenu de leur fournir s'il en est requis.

Quant aux bâtiments à voiles et aux navires à vapeur non affectés à un service régulier qui requerront un bateau d'aide, ils paient, savoir :

Un bateau employé dans le port et
    jusqu'à la bouée................ 6 f.
A celui qui va jusqu'en rade....:... 15 f.

A celui qui, de ce requis, a embarqué des grelins ou des aussières :

S'il ne va que jusqu'à l'entrée du port. 15 f.
S'il porte ces cordages en rade ou de
    la rade à terre.................. 20 f.

Pour avoir droit à ce salaire, le bateau d'aide est tenu de ne quitter, pour aucun autre travail, le navire assisté qu'après la mise de ce bâtiment hors des dangers, ou lorsqu'il sera bien amarré, les chaînes garnies et les défenses mises en place au portage des quais ; le tout sous la responsabilité des pilotes.

Le bateau d'assistance employé pour la sortie d'un bâtiment est tenu d'être à la disposition du capitaine depuis le commencement jusqu'à la fin de la marée.

Pour avoir droit aux allocations ci-dessus, les pilotes devront avoir, préalablement à l'emploi des bateaux d'assistance, fait connaître aux capitaines le montant de la dépense qui occasionnera cet emploi.

Conduite des navires dans un autre port.

ART. 112. — Les salaires des pilotes qui conduiront des bâtiments chargés ou non, dans les ports ci-après, quand même ils seraient remplacés par le pilote du lieu de destination, sont fixés comme suit :

	DE BOULOGNE					
	à Calais	à Gravelines	à Dunkerque	à Etaples	à St-Valery-sur-Somme et au Tréport	à Dieppe
Pour bâtiments français ou étrangers assimilés de 100 tonneaux et au-dessous, par navire	40.25	57.50	80.50	40.25	80.50	92.00
De 101 et au-dessus, par tonneau....................	0.40	0.57	0.80	0.40	0.80	0.92

Indemnités diverses.

Le pilote appelé par un navire qui ne sort cependant pas à la marée reçoit :

Pour cette marée...................... 3 f. »

S'il passe à bord une nuit de veille ou une partie de cette nuit, supposée commencée à 10 heures du soir, il lui est dû un droit supplémentaire de .... 3 f. »

S'il est retenu à bord d'un bâtiment en mer ou mis en quarantaine, il lui est payé, outre la nourriture à la chambre à laquelle il a droit, par 24 heures de séjour à bord, et pendant les cinq premiers jours........................ 6 f. »

Pour le sixième jour et les jours suivants. 4 f. »

Le bateau lamaneur retenu pour un mouvement, mais non employé, a droit, comme employé dans le port, à une indemnité de....................... 6 f. »

Si le retard provient d'un changement de vent ou de toute autre cause indépendante de la volonté du capitaine, il n'a droit qu'à la moitié.

Service des Passagers.

Il ne peut être embarqué sur les bateaux-pilotes désignés sous le nom de *galeys*, allant en rade ou en revenant, plus de six passagers à la fois. Il est payé pour chaque passager :

Débarqué de la rade............... 4 f. »
Pris en dehors des jetées. :...... 2 f. »
· Dans le port..................... 1 f. »

ART. 115. — Le service du halage des navires est distinct de ceux de pilotage et de lamanage.

Les salaires des haleurs sont indépendants du droit de location des cordages d'assistance.

Ils sont réglés ainsi qu'il suit, sans distinction de nationalité :

AUX MARÉES DE JOUR :

Du côté de l'Est, par marée..... 0 f. 50 c.
Du côté de l'Ouest, par marée... 0 f. 60 c.

AUX MARÉES DE NUIT :

Du côté de l'Est, par marée..... 0 f. 65 c.
Du côté de l'Ouest, par marée... 0 f. 90 c.

Lorsque, après avoir été appelés, les haleurs n'auront pas été employés, ils auront droit :

De jour, à la moitié de leurs salaires ;
De nuit, au salaire entier.

Art. 116. — Les bateaux faisant la pêche du poisson frais ne paient aucun droit de pilotage ni de lamanage, d'entrée ou de sortie, à moins qu'ils n'aient requis les services des pilotes.

Art. 117. — Dans tous les cas non expressément exceptés par le présent réglement, les bâtiments étrangers non assimilés aux Français paient moitié en sus des prix fixés par le présent tarif pour les bâtiments nationaux.

DÉCRET DU 20 AVRIL 1867

portant modification du Réglement de Pilotage de Cherbourg, en ce qui concerne le Pilotage des Bâtiments de l'État.

. . . .

ART. 410. — Les pilotes requis pour conduire les bâtiments de l'état de Cherbourg jusque dans les ports ci-après désignés et *vice-versâ*, sont payés d'après le tableau suivant, indépendamment des pilotages de sortie et d'entrée auxquels ils peuvent avoir droit et de la conduite de retour au port de départ.

TABLEAU Nº 2.

TABLEAU N° 2

PORTS DE DESTINATION	BATIMENTS A VAPEUR Déplacement normal (d'après le devis d'armement)									OBSER- VATIONS
	de 300 tx et au dessous (A)	de 301 à 500	de 501 à 1000	de 1001 à 2000	de 2001 à 3000	de 3001 à 4000	de 4001 à 5000	de 5001 à 6000	de 6001 et au dessus	
La Hougue ou Aurigny........	8	12	15	19	23	26	30	34	38	(A) Les bâtiments d'un déplacement normal de 150 tonneaux et au-dessous ne sont pas astreints à prendre un pilote.
Caen ou Dielette	10	15	20	25	30	35	40	45	50	
Le Havre ou Carteret.........	11	17	22	28	33	39	44	50	55	
Fécamp ou Granville.........	13	20	26	33	44	46	57	59	65	
Dieppe ou St-Malo..........	18	25	33	40	48	55	63	70	78	
St-Valery-s/Somme ou St-Brieuc	18	27	36	45	54	63	72	81	90	
Boulogne ou les Sept Iles.....	21	32	42	53	63	74	84	95	105	
Calais ou l'île de Ratz........	26	37	49	60	72	83	95	106	118	
Dunkerque ou Brest.........	28	41	55	69	83	96	110	123	138	

TABLEAU N° 2 (SUITE)

PORTS DE DESTINATION	BATIMENTS A VOILES — Déplacement normal (d'après le devis d'armement)									OBSER-VATIONS
	de 300 tx et au dessous (A)	de 301 à 500	de 501 à 1000	de 1001 à 2000	de 2001 à 3000	de 3001 à 4000	de 4001 à 5000	de 5001 à 6000	de 6001 et au dessus	
La Hougue ou Aurigny........	15	23	30	38	45	52	60	68	75	(A) Les bâtiments d'un déplacement normal de 150 tonneaux et au-dessous ne sont pas astreints à prendre un pilote.
Caen ou Dielette	20	30	40	50	60	70	80	90	100	
Le Havre ou Carteret.........	22	33	44	55	66	77	88	99	110	
Fécamp ou Granville.........	26	39	52	65	88	94	104	117	130	
Dieppe ou St-Malo...........	35	50	65	80	95	110	125	140	155	
St-Valery-s/Somme ou St-Brieuc	36	54	72	90	108	126	144	162	180	
Boulogne ou les Sept Iles.....	42	63	84	105	126	147	168	189	210	
Calais ou l'île de Ratz........	51	74	97	120	143	166	189	212	235	
Dunkerque ou Brest..........	55	81	110	137	165	192	220	246	275	

Art. 2. — L'article ci-après est inséré, à la suite de l'article 410, dans le réglement général de pilotage du 1ᵉʳ arrondissement maritime :

Art. 410 bis. — Tout pilote embarqué sur un bâtiment remorqueur reçoit le droit de pilotage afférent au bâtiment, remorquant ou remorqué, qui aura le déplacement le plus élevé.

Tout pilote embarqué sur un bâtiment remorqué est payé en raison du déplacement de ce bâtiment, celui-ci étant considéré toujours comme bâtiment à vapeur. Toutefois, du moment où les remorques sont abandonnées, en dehors de la rade, avant l'achèvement de l'opération, le pilotage est réglé d'après le tarif ordinaire.

Dans le cas où le bâtiment remorqué aurait seul un pilote, celui-ci serait traité comme pilote du bâtiment remorqueur.

Tout bâtiment faisant usage simultanément de la voile et de la vapeur est considéré et traité comme bâtiment à voiles.

Lorsqu'un pilote n'est pas débarqué immédiatement après la cessation des essais ou évolutions pour lesquels il a été requis, le capitaine du bâtiment détermine l'heure à laquelle doit cesser l'indemnité prévue pour ce service spécial, à partir de ce moment, le pilote est rémunéré d'après le tarif, en raison de sa position ou des services par lui rendus à bord du bâtiment.

Pour le pilotage, les bâtiments de l'Etat sont toujours considérés comme étant chargés. En conséquence, le déplacement pris pour base des allocations est le déplacement normal ; ce renseignement doit être relevé sur le devis d'armement pour la rédaction du certificat de pilotage.

(Extrait du décret impérial du 20 avril 1867).

DÉCRET

Qui fixe les signaux à faire pour l'appel des Pilotes pendant la nuit. (30 Juin 1874).

Le Président de la République française,

Sur le rapport du Ministre de la Marine et des Colonies ;

Vu le décret du 12 décembre 1806 ;

Vu les décrets des 13 août 1863 (art. 3), 29 août 1854 (art. 10), 25 avril 1857 (art. 8), 3 mars 1858 (art. 2) et 23 juillet 1859 (art. 3), concernant le service du pilotage dans les cinq arrondissements maritimes ;

Vu le décret du 25 octobre 1862, relatif à l'éclairage des navires ;

Vu l'avis du Conseil d'amirauté en date du 12 juin 1874 ;

Considérant que l'expérience a démontré la nécessité de substituer aux divers modes de signaux usités actuellement pour l'appel des pilotes pendant la nuit, une règle uniforme, d'une exécution facile, et qui soit en rapport avec les usages le plus généralement suivis par les navigateurs français et étrangers.

Décrète :

Article 1er. — Les signaux d'appel des pilotes pendant la nuit sont fixés de la manière suivante pour les bâtiments à la mer comme au mouillage :

Un feu blanc montré au-dessus des bastingages et caché plusieurs fois, à quinze secondes d'intervalle pendant une minute, accompagné, s'il y a lieu, de feux de bengale brûlés à intervalle d'environ quinze minutes.

Art. 2. — En réponse au signal d'appel, les pilotes montreront et cacheront plusieurs fois de suite, à quinze secondes d'intervalle, pendant une minute, le feu blanc qu'ils doivent déjà montrer tous les quarts d'heure, conformément aux prescriptions de l'article 8 du décret du 25 octobre 1862.

Art. 3. — Toutes dispositions et usages contraires aux prescriptions qui précèdent sont abrogés.

Art. 4. — Le Ministre de la marine et des colonies est chargé de l'exécution du présent décret, qui sera inséré au Bulletin des lois.

Fait à Versailles, le 30 juin 1874.

Signé : Maréchal DE MAC-MAHON.